NOTICE BIOGRAPHIQUE

SUR

M. DE MONMERQUÉ,

MEMBRE DE L'ACADÉMIE DES INSCRIPTIONS ET BELLES-LETTRES,
DU COMITÉ DES TRAVAUX HISTORIQUES
ET DU CONSEIL DE LA SOCIÉTÉ DE L'HISTOIRE DE FRANCE,
CONSEILLER HONORAIRE A LA COUR IMPÉRIALE DE PARIS,

PAR M. J. DESNOYERS,

Secrétaire de la Société de l'Histoire de France,
Bibliothécaire du Muséum d'Histoire naturelle.

*Extrait du rapport sur les travaux de cette Société, lu à l'Assemblée générale
de mai 1860.*

Vous venez d'entendre, Messieurs, sur la vie et les travaux de M. Ch.
Lenormant et de M. Aug. Le Prévost des appréciations auxquelles l'autorité de notre illustre président donne un grand prix. M. de Barante
avait bien voulu se charger aussi de rappeler à vos souvenirs la mémoire
de M. de Monmerqué, le dernier des membres que le Conseil ait perdus.
Des circonstances indépendantes de sa volonté l'ont empêché de réaliser
son intention; il m'en a prévenu trop tard pour que je pusse donner
à cette notice les développements qu'elle méritait. Vous voudrez bien,
Messieurs, m'en tenir compte. Vous avez, d'ailleurs, pour la plupart,
si parfaitement connu M. de Monmerqué, il était si constamment fidèle
à nos réunions générales, qu'il a souvent animées par d'intéressantes
lectures, que nous le voyons encore, en quelque sorte, présent à cette
assemblée. Ce savant distingué était l'ami d'un si grand nombre d'entre
nous qu'il suffirait presque de le nommer pour vous rappeler la bien-

veillance aimable de son caractère, son esprit orné, son dévouement passionné à une des plus grandes gloires littéraires du dix-septième siècle, et sa connaissance approfondie de plusieurs des principales époques de notre histoire.

M. Louis-Jean-Nicolas Monmerqué-Desrochais était né à Paris le 6 décembre 1780. Sa double carrière de magistrat et d'homme de lettres s'y est paisiblement écoulée. De l'une il accomplissait les devoirs, de l'autre il goûtait avec bonheur les jouissances, comme d'une sorte de patrimoine qu'il n'avait point recherché et qui lui fût naturel.

Issu d'une famille qui avait occupé de hauts emplois dans les finances, il se consacra, au contraire, jeune encore, à la magistrature. Il devint dès 1809 juge auditeur à la Cour d'appel, conseiller auditeur en 1811 et conseiller titulaire en 1813. Depuis cette époque jusqu'à l'heure de la retraite, qui sonna trop tôt pour lui, en 1852, et le surprit presque autant qu'une injustice, tant il se trouvait encore capable, à soixante-dix ans, de remplir des fonctions auxquelles il était habitué depuis près d'un demi-siècle, il n'a point cessé d'accomplir ses devoirs de magistrat avec un zèle qui n'avait d'autres distractions que les études littéraires ou les savantes occupations, pour lesquelles il conserva toujours la passion la plus ardente.

Ses amis se sont étonnés, peut-être plus que le modeste savant lui-même, que dans la seconde moitié d'une si longue et si honorable carrière il n'eût pas obtenu du pouvoir quelqu'un de ces titres honorifiques et de ces avancements réguliers, récompenses de toutes les carrières bien remplies. La croix d'officier de la Légion d'honneur, qui lui fut décernée en 1846, fut la seule distinction qu'il obtint ; et il était depuis longtemps déjà doyen des conseillers de la Cour impériale de Paris lorsqu'il fut mis à la retraite. Ses anciens collègues lui témoignèrent alors, avec empressement, toute leur estime et leurs regrets.

On a dit que, sous la Restauration, l'impartialité et même l'indulgente bienveillance dont il avait fait preuve en dirigeant, comme conseiller, président de la cour d'assises, en 1822, les débats de la *Conspiration* dite *des sergents de la Rochelle*, avaient pu nuire à son avancement. Cette triste affaire ne fut pas la seule où la bonté naturelle de M. de Monmerqué l'entraîna à s'efforcer de tempérer, après le jugement, la sévérité souvent si pénible de la justice.

On a dit aussi que son amour des lettres et des études historiques, que le choix de plusieurs de ses publications dont on n'appréciait pas exclusivement, comme M. de Monmerqué, le caractère au point de vue de l'enseignement et des lumières qui en découlent pour l'histoire de l'état social et de la littérature, avaient aussi paru peut-être occu-

per trop les loisirs du magistrat. On avait sans doute oublié le président Henault, le président De Brosses, le président Dupaty et tant
d'autres membres de la magistrature française dont ce fut toujours un
des honneurs et des mérites de savoir allier le goût des lettres à l'accomplissement rigoureux des devoirs du magistrat.

Les premiers travaux littéraires de M. de Monmerqué remontent à
l'année 1816. Il commença alors à s'occuper des divers sujets d'études
qui ont rempli presque toute sa vie : la recherche des documents originaux nécessaires pour sa grande et belle édition de Mme de Sévigné[1],
et l'étude des autres sources historiques du dix-septième siècle pour
lesquelles il devint un peu plus tard collaborateur de MM. Petitot, dans
la Collection des Mémoires relatifs à l'histoire de France[2].

Le culte de Mme de Sévigné, de sa famille, de ses amis, de sa cour,
si l'on peut dire, est devenu pour M. de Monmerqué une sorte d'idolâ-
trie. Portraits, lettres autographes, titres de famille, notices biographiques, objets d'art, tout ce qui, de près ou de loin, se rattachait à
cette femme spirituelle et inimitable, excitait l'enthousiasme de M. de
Monmerqué. On peut dire que c'est pour elle qu'il a si profondément
fouillé le siècle de Louis XIV ; il avait vécu à la cour du grand roi, il
en avait exploré les réduits les plus secrets, il en était devenu vraiment
contemporain. Pour M. de Monmerqué, plus que pour tout autre, les
lettres de Mme de Sévigné en étaient vraiment le journal. Il avait surtout fréquenté les Coulange, les Grignan, les Bussy, les Arnauld ; il connaissait leurs liaisons, leurs caractères, leurs physionomies, et jusqu'à
leurs intimes pensées.

Ce n'est pas seulement cette famille, rendue historique par Mme de
Sévigné, qui était devenue comme celle de M. de Monmerqué. Il
ne connaissait pas moins tous les personnages du siècle de Louis XIV,
de la cour, de la ville, de l'hôtel de Rambouillet, de l'église même ; en
un mot, tout ce mouvement compliqué, toute cette vie animée et
variée de la société qu'elle a si admirablement et si vivement dé-
peinte.

Les deux plus longs voyages que M. de Monmerqué ait jamais faits,
ont été deux pèlerinages aux lieux rendus célèbres par le séjour et la
correspondance de Mme de Sévigné ; l'un, en 1850, aux Rochers, près
de Vitré, en Bretagne ; l'autre, en 1857, à Grignan, non loin de Mon-
télimart, en Provence, pour l'inauguration de sa statue. M. de Monmerqué a publié le récit de ces deux pèlerinages, faits et narrés en

1. Paris, Blaise, 1818, 10 vol, in-8°. — Id., 12 vol. in-12.
2. Paris, Foucault, 1818-1829, 132 vol. in-8°, en deux séries.

commun avec Mme de Saint-Surin, née Richard de Cendrecourt, qu'il avait épousée en secondes noces et qui est elle-même connue par d'élégants écrits littéraires [1].

Longtemps avant qu'un savant et grand écrivain eût trouvé dans une admiration sympathique pour Mmes de Longueville, de Sablé, de Chevreuse, et d'autres illustres dames du dix-septième siècle, une distraction à ses études philosophiques, qui a été si profitable à l'histoire littéraire et politique de cette époque, et qui lui a fourni l'occasion d'en tracer le tableau le plus achevé, M. de Monmerqué avait aussi puisé dans la mémoire sans tache de Mme de Sévigné, les éléments d'un amour platonique qui ne l'a quitté qu'avec la vie. Ses dernières pensées littéraires eurent, en effet, pour but de donner une nouvelle édition de cette Correspondance qu'il avoit le premier montrée au public, sous sa véritable physionomie, quarante ans auparavant.

Cette édition, préparée déjà depuis longtemps par M. de Monmerqué, et à laquelle il avait ajouté, ainsi qu'il l'annonçait lui-même, en 1858, « une multitude de documents et de fragments curieux et inédits, » ne sera pas perdue pour le public. Confiée aux soins de M. Ad. Regnier, membre de l'Académie des Inscriptions et Belles-Lettres, secondé par M. Rochebillière, bibliothécaire à la bibliothèque de Sainte-Geneviève, elle doit être prochainement éditée par M. Hachette [2].

La Correspondance de Mme de Sévigné a occupé une trop grande place dans la carrière de M. de Monmerqué pour qu'il puisse paraître superflu de rappeler comment elle est entrée successivement dans le domaine de la publicité, et de retracer les essais divers tentés pour en

---

1. *Tablettes de voyage,* par Mme de Monmerqué. 2° *édit. suivie de lettres de Mme de Sévigné, de sa famille et de ses amis.* Paris, 1851, in-12.

Inauguration de la statue de Mme de Sévigné à Grignan, présidée par M. de Monmerqué. — Rapport fait à l'Académie des inscriptions, le 20 novembre 1857. Paris, 1858, in-8.

2. Outre les lettres inédites publiées par M. Millevoie en 1814, et que des difficultés de librairie ne permirent pas de joindre aux grandes éditions données de 1818 à 1821, par M. de Monmerqué, outre les lettres et fragments assez nombreux publiés depuis par M. de Monmerqué lui-même, les nouveaux éditeurs ne manqueront certainement pas de tirer parti de l'ouvrage très-complet de M. Walckenaër sur Mme de Sévigné (Paris, Didot, 1842-1852, 5 vol. in-18), et de deux travaux intéressants de M. Vallet de Viriville, l'un inséré dans la *Revue de Paris,* 1844 (*Lettres inédites de Mme de Sévigné,* 11 p.); l'autre, sur des *Lettres inédites de Mme de Grignan et de l'abbé de Coulanges (Bibl. de l'École des Chartes,* t. IV, p. 316, 1842-1843). Ces lettres de Mme de Grignan, infiniment plus rares et beaucoup moins connues que celles de son illustre mère, ont été aussi annotées, en partie, par M. de Monmerqué.

faire connaître les différentes parties, avant que, par ses études approfondies sur le siècle de Louis XIV, il leur donnât un prix nouveau, en les distribuant dans un ordre chronologique plus rigoureux, et en les enrichissant de commentaires et de nombreuses pièces inédites.

Ce fut en 1696, l'année même de la mort de Mme de Sévigné, que quelques-unes de ses lettres furent indirectement mises au jour, dans les *Mémoires* du comte de Bussy-Rabutin, son cousin, à qui elles étaient adressées. Insérées en partie dans ces *Mémoires*, elles figurent en plus grand nombre dans sa *Correspondance* également publiée en 1697 par la marquise de Coligni, plusieurs années après la mort du comte de Bussy, son père[1]. Mais la prémière publication des lettres de Mme de Sévigné à sa fille n'eut lieu qu'en 1726.

Cette même année, trois éditions en parurent à la fois, chacune en deux volumes in-12 ; l'une à Rouen et deux autres à la Haye. Elles étaient toutes trois anonymes ; mais on sait, par la préface de l'une d'elles, qu'elles avaient eu pour origine une ou deux copies d'un certain nombre de lettres de Mme de Sévigné, confiées par Mme de Simiane, sa petite-fille, à son cousin le comte de Bussy, fils aîné de Bussy-Rabutin. De ses mains, ces copies passèrent en d'autres mains qui les livrèrent au public ; et dès 1733, après les trois éditions de 1726, elles furent réimprimées en trois volumes in-12.

Ce fut en 1734 que parut le premier recueil authentique de la Correspondance de Mme de Sévigné, avec l'aveu de sa famille, ou pour mieux dire de Mme de Simiane, qui là représentait alors le plus directement, et qui avait encore conservé les lettres originales écrites par sa grand'mère à Mme de Grignan. Elle n'avait communiqué, quelques années auparavant, que des copies partielles de ces lettres à son cousin de Bussy ; leur publication furtive avait offensé plusieurs familles, et même livré indiscrètement à la curiosité des détails sur les mauvaises affaires de la famille de Grignan. Un ami dévoué, le chevalier Denis Marius de Perrin, publia, en gardant l'anonyme, ce précieux recueil (en quatre vol. in-12), qu'il fit suivre en 1736 de deux nouveaux vo-

---

1 : Quoique M. de Monmerqué eût consulté, pour son édition de cette partie des lettres de Mme de Sévigné, des manuscrits originaux de Bussy, et des copies du temps, d'autres manuscrits non moins précieux de Bussy ont été retrouvés, depuis la publication de M. de Monmerqué, à la bibliothèque de l'Institut, par M. Walckenaër qui les utilisa dans ses *Mémoires touchant la vie et les écrits de Mme la marquise de Sévigné* (Paris, Didot, 1842-1852, 5 vol. in-18), et à la Bibliothèque impériale, par M. L. Lalanne qui en a fait connaître l'intérêt dans un article de la *Bibliothèque de l'École des Chartes* (3ᵉ série, t. IV, p. 448, 1852-1853), et qui vient d'en faire l'objet d'une édition nouvelle des Lettres de Bussy.

lumes, et en 1754 d'un dernier supplément aussi en deux volumes. Cette même année, le chevalier de Perrin fit paraître une édition de toutes ces lettres, en huit volumes in-12.

Tel est le point de départ, telle fut la base de toutes les éditions postérieures, même de celle de M. de Monmerqué ; car les originaux de ces lettres n'ont point été retrouvés ; et c'est en comparant le texte des deux recueils de 1734-1737 et de 1754 avec l'édition furtive et incomplète de 1726, que M. de Monmerqué a restitué la rédaction définitive des huit cents lettres, environ, mises au jour, pour la première fois, par le chevalier de Perrin.

Après les publications de la famille de Bussy et celles du chevalier de Perrin, autorisées par Mme de Simiane, plusieurs recueils bien moins importants de lettres originales de Mme de Sévigné, adressées à d'autres personnes que sa fille, virent successivement le jour. En 1756 parut la première édition de lettres à Arnauld de Pomponne, sur le procès de Fouquet, en 1664 (1 vol. in-12).

En 1773, La Harpe publia trente et une lettre adressées, de 1681 à 1696, à M. de Moulceau, président à la cour des comptes de Montpellier. Il en ajouta à ce même volume (in-12) quelques-unes de Mme de Grignan, de Corbinelli et un plus grand nombre (81) de Mme de Simiane ; il y reproduisit aussi les lettres sur le procès de Fouquet.

Dans une édition de 1774, en huit volumes, furent insérées plusieurs lettres inédites à Mmes de La Fayette, de Chaulnes, etc.

Peu de temps après, en 1775, les lettres à Bussy furent extraites de ses Mémoires et de sa Correspondance, et publiées en un volume. Il en a paru, vers le même temps, quelques-unes de nouvelles dans un supplément à ces Mémoires. En 1814, M. Millevoie publia un volume de lettres inédites (105), adressées par Mme de Sévigné à M. et Mme de Guitaud, à M. d'Hacqueville et à Mme de Grignan. La plupart de ces nouvelles lettres, sauf les dernières, publiées en 1814, furent reproduites dans les nombreuses éditions des lettres à Mme de Grignan qui se succédèrent depuis celle de 1754.

Dans presque toutes, l'ordre chronologique ne fut point rétabli, et ce n'est que dans les belles éditions de l'abbé de Vauxcelles, en 1801, et surtout de Grouvelle, en 1808, que les correspondances diverses ne furent plus groupées en autant de sections différentes. C'est en adoptant plus complétement cette méthode, indiquée déjà par M. Barbier [1], c'est en fixant une foule de dates méconnues jusque-là, et en y ajoutant des éclaircissements précieux et des documents inédits que M. de Monmerqué

---

1. *Magasin encycl.*, 1801, t. VI, page 7.

a tant contribué à jeter le plus grand jour sur l'ensemble des faits, sur les tableaux de mœurs qui se déroulent, avec un si vif intérêt, dans la Correspondance de Mme de Sévigné.

M. de Monmerqué fit connaître, dans son édition de 1818, près de cent lettres inédites, restitua des passages antérieurement omis dans près de trois cents autres, et mit au jour depuis, par plusieurs publications isolées, les nombreuses lettres qui lui furent communiquées de toutes parts, mais qui émanaient plutôt des parents de Mme de Sévigné que d'elle-même ou de sa fille, Mme de Grignan.

On sait, en effet, combien sont rares les lettres de celle-ci, probablement anéanties de son vivant, et combien peu de lettres autographes de Mme de Sévigné ont été conservées ou retrouvées jusqu'ici.

Tout en rendant pleine justice à M. de Monmerqué, n'oublions pas de rappeler le concours utile que lui prêta M. de Saint-Surin, philologue distingué et auteur d'éditions estimées de Boileau, de Marmontel, de Thomas. Ce fut lui qui composa la notice sur Mme de Sévigné, jointe au premier volume de l'ouvrage. Ce concours est indiqué dans les préfaces des trois éditions publiées de 1818 à 1821, par le libraire, M. Blaise, quoique les noms des deux collaborateurs ne figurent que sur celle de 1821. Presque tout l'honneur en est demeuré à M. de Monmerqué, qui y prit certainement, à beaucoup près, la plus grande part, surtout par ses savantes annotations. Cette publication est restée jusqu'ici, d'un aveu unanime, supérieure à toutes celles qui l'avaient précédée et qui l'ont suivie.[1]

---

1. Éditions de la Correspondance de Mme de Sévigné :

1726. — *Lettres de Marie de Rabutin-Chantal, marquise de Sévigné, à Mme la comtesse de Grignan, sa fille* (publiées par Thiriot). Rouen, 2 vol. in-12. — *Id.* La Haye, 2 vol. in-12. — *Id.* La Haye, 2 vol. in-12.— Ces trois éditions, publiées la même année, ne sont pas complétement semblables. Celle de la Haye contient un plus grand nombre de lettres. Les titres varient ainsi : *Lettres de Marie de Rabutin...*, ou *Lettres de Marie Rabutin...*, ou *Lettres de Mme Rabutin....*

1733. — *Lettres*, etc....; (s. l.), 3 vol. in-12. Reprod. des précédentes.

1734. — *Recueil des lettres de Mme la marquise de Sévigné à Mme la comtesse de Grignan, sa fille* (par le chev. de Perrin, d'après les lettres originales). Paris, Simart, 4 vol. in-12.

1737. — *Recueil*, etc..., t. V et VI. (Suite de la précédente éd., par le même.) Paris, Rollin, 2 vol. in-12.

1751. — *Recueil de lettres choisies, pour servir de supplément aux lettres de*

Après les recherches auxquelles la publication des lettres de Mme de Sévigné conduisit M. de Monmerqué, et qu'il ne cessa de poursuivre jusqu'à sa mort, l'étude des documents originaux du dix-septième siècle et surtout des Mémoires contemporains de cette grande époque, eut aussi pour lui le plus puissant attrait. Ce fut avec leur secours

Mme de Sévigné (par le même). Paris, Rollin, 2 vol. in-12. — *Id.* Paris, Simon, 2 vol. in-12.

Éd. reprod. à Leide, en 1756-1759, en 6 vol. in-12.

1754. — *Recueil des lettres*, etc.... *Nouvelle édition augmentée* (par le même). Paris, David, 8 vol. in-12. Édit. orig. la plus complète jusqu'alors, mais ne reproduisant pas, comme l'a constaté M. de Monmerqué, toutes les lettres publiées en 1726 et en 1734, et présentant des altérations au style de Mme de Sévigné, qui ne se voient pas dans les éd. précédentes, publiées du vivant de Mme de Simiane.

1754. — *Lettres nouvelles de Mme la marquise de Sévigné à Mme la comtesse de Grignan, sa fille.* (Extr. de l'éd. de 1754 en 8 vol. in-12, pour servir de supplément à l'éd. de 1734-1737. Paris, Durand, 2 vol. in-12.)

1756. — *Lettres de Mme de S.... à M. de Pomponne, sur le procès de Fouquet.* Amsterdam (Paris), 1 vol. in-12.

1756. — *Recueil des lettres*, etc.... Amsterdam, 8 vol. in-12.

1763. — *Recueil des lettres, etc....* Paris, 8 vol. in-12.

1773. — *Lettres nouvelles ou nouvellement recouvrées de la marquise de Sévigné et de la marquise de Simiane, sa petite-fille, pour servir de suite aux différentes édit. des lettres de Mme de Sévigné* (par La Harpe). Paris, Lacombe, 1 vol. in-12.

1774. — *Recueil des lettres*, etc.... *Nouv. édit. augmentée du recueil de lettres choisies de Mme de Sévigné à Mme de La Fayette, Mme la duchesse de Chaulnes et autres.* Paris, 5 vol. in-12.

1775. — *Lettres de Mme de Sévigné à Bussy-Rabutin.* Paris, 1 vol. in-12. (Extr. de ses Mémoires et de sa Correspondance.)

1775. — *Lettres de Mme de Sévigné et supplément.* Paris, 9 vol. petit in-12.

1779. — *Id.* Maëstricht, Dufour, 10 vol. in-12.

1784. — *Id.* Rouen, Racine, 10 vol. in-12.

1785. — *Id.* Paris, 8 vol. in-12. — 1786. *Id.* Paris, 9 vol. in-18. — 1790. *Id.* Rouen, 10 vol. in-12.

1788. — *Lettres de Mme de Sévigné à Mme de Grignan, sa fille.* Éd. publiée par Mlle de Keralio dans la Collection des meilleurs ouvrages français composés par des femmes. Paris, t. IX à XIV, 6 vol. in-8. (C'est la réimpression de l'éd. de 1754.)

1801 (an ix). — *Recueil des lettres de Mme de Sévigné, nouv. édit. augmentée*

qu'il composa pour la *Biographie universelle* plusieurs articles très-étendus et très-instructifs, concernant, la plupart, des personnages de ce siècle. Cependant les articles *Sévigné* et *Grignan* sont de M. de Saint-Surin. M. de Monmerqué a rédigé, entre autres, les articles Maintenon, Pomponne (Arnauld de), Scudéry, etc.

(par l'abbé Bourlet de Vauxcelles). Paris, Bossange, Masson, etc. 10 vol. in-12. (Conforme à l'édit. de 1790.)

1803. — *Lettres*.... Paris, Belin, 12 vol. in-18.

1803. — *Quelques lettres de Sévigné*. Paris, Leblond, 3 vol. in-18.

1806-1808. — *Lettres*.... *de Marie de Rabutin*, *marquise de Sévigné*, *nouvelle édition mise en ordre pour la première fois, augmentée de lettres inédites et enrichie de notes et de dissertations*, par Grouvelle. Paris, Bossange, Masson, etc., 8 vol. in-8. — *Id.*, 11 vol. in-12. — (Édition augmentée de lettres inédites.)

C'était la meilleure édition avant celles de M. de Monmerqué. L'éditeur avait rétabli l'ordre chronologique dans l'ensemble des lettres publiées jusqu'alors isolément. C'était le plan proposé par M. Barbier (*Magasin encyclop.*, 1801, t. VI, p. 7).

1811. — *Lettres*.... Paris, 12 vol. in-18. (Éd. stéréot.)

1814. — *Lettres inédites de Mme de Sévigné*. Paris, Klostermann, 1 v. in-8. (Recueil entièrement inédit.)

1818-1819. — *Lettres de Mme de Sévigné, de sa famille et de ses amis*. Nouvelle édition (publiée par M. de Monmerqué, avec une notice biographique par M. de Saint-Surin), avec portraits, vues et fac-simile; plus un recueil de 20 portraits de personnages du siècle de Louis XIV. Paris, Blaise, impr. de Didot, 10 vol. in-8, et 11 avec le recueil des portraits. — *Id.*, *id.* 12 vol. in-12.

1820-1821. — *Lettres*, etc., Paris, Blaise, 11 vol. in-8. Réimpr. de l'édition précédente. — *Id.*, 13 vol. in-12.

Postérieurement à cette édition, M. de Monmerqué a publié plusieurs lettres inédites de Mme de Sévigné ou de sa famille ; et en 1826-1827 un vol. in-8, sous ce titre : *Lettres inédites de Mme de Sévigné*, avec portraits, fac-simile, etc. Paris, Blaise, in-8.

Plusieurs éditions, imprimées après celles de M. de Monmerqué, qui sont toujours considérées comme les meilleures, lui ont plus ou moins emprunté.

1822-1823. — *Lettres*.... avec notice, par M. Campenon. Paris, Jannet et Cotelle, 12 vol. in-8. Réimpr. en 1826, chez Sautelet.

1823-1824. — *Lettres de Mme de Sévigné, de sa famille et de ses amis, augmentées de plusieurs lettres inédites, des 105 lettres publiées en 1814; des notes et notices de Grouvelle et des Réflexions de l'abbé de Vauxcelles, précédées d'une*

La part que M. de Monmerqué a prise, depuis 1822 jusqu'à 1828 [1], à la *Collection complète des Mémoires relatifs à l'Histoire de France*, comprend surtout ceux du dix-septième siècle. Tels sont : les Mémoires de J. Gillot, de Ch. Groulard, de Marillac, du marquis de Fontenay-Mareuil, de V. Conrart, du P. Berthod, du marquis de Montglat, de l'abbé de Choisy, du marquis de La Fare et les souvenirs de Mme de Caylus. Tous sont accompagnés de notices, quelques-unes très-étendues. M. de Monmerqué n'a point non plus été étranger à la révision d'autres textes du même recueil ; mais c'est surtout à M. Petitot l'aîné, aidé de la collaboration de son frère Alexandre, qu'appartient l'idée de ce beau monument historique.

Lorsque M. Petitot, bien connu par d'autres écrits littéraires, par des éditions de Racine et de Molière, par un Répertoire du Théâtre-Français, ainsi que par sa haute position dans l'Université [2], entreprit cette publication, et qu'il en fit paraître en 1819 le premier volume, il annonçait ne devoir s'étendre que depuis le règne de Philippe Auguste jusqu'à la fin de la Ligue ou jusqu'au commencement du dix-septième siècle. Mais il ne tarda pas (1820) à être conduit par le succès de l'ouvrage, à com-

notice biographique, par M. Gault de Saint-Germain. Paris, Dalibon, 12 vol. in-8, avec 25 portraits par Deveria.

1835. — *Lettres*.... avec notice, par Ch. Nodier. Paris, Lavigne, 2 vol. grand in-8 à 2 col.

1843. — *Lettres*.... Paris, Lefèvre, 6 vol. in-8. — *Id., id.*, 6 vol. in-18.

Une traduction anglaise des lettres de Mme de Sévigné a été publiée à Londres en 1758, 7 vol. in-12 ; et en 1811-1812, en 9 vol. in-12. Une traduction allemande a été imprimée à Brandebourg.

Outre les nombreuses notices sur Mme de Sévigné jointes à plusieurs de ces éditions, on a l'ouvrage de M. Walckenaër ci-dessus indiqué, ceux de M. Girault (1819), de M. Aubenas (1842), de M. Walsh (1842), les notices de M. Vallet de Viriville déjà citées (1842-1844), l'éloge de Mme de Sévigné, par Mme Amable Tastu, couronné par l'Académie française, en 1840, et le rapport de M. Villemain, sur ce concours, rapport digne du sujet et de son éloquent auteur, secrétaire perpétuel de l'Académie française.

1. On lit dans la notice biographique sur M. Cl. B. Petitot, par M. de Monmerqué (1827) : « Cinq ans se sont à peine écoulés depuis que nous témoignâmes à MM. Petitot le désir de partager quelques-uns de leurs travaux. »

C'est seulement à partir du tome 51 de la 1re série (1826) que le nom de M. de Monmerqué fut ajouté à ceux de MM. Petitot. Les mémoires auxquels sont jointes des notices de M. de Monmerqué se trouvent dans les tomes 49 à 51 de la 1re série, et dans les tomes 48 à 66 de la 2e série.

2. Claude-Bernard Petitot, né à Dijon en 1772, mort en 1825 ; chef du bureau de l'instruction publique du département de la Seine, en 1800 ; inspecteur général de l'Université en 1808 ; directeur au ministère de l'instruction publique en 1824.

mencer une seconde série qui embrassait principalement les temps postérieurs. Ce fut surtout pour cette seconde portion de son œuvre que la collaboration de M. de Monmerqué lui devint fort utile.

C'est à celui-ci qu'est due l'excellente notice qui précède l'édition des *OEuvres complètes de Brantôme,* publiée en 1822, par le même libraire, M. Foucault, ainsi que plusieurs fragments inédits qui y sont joints.

Avant la Collection de MM. Pétitot et de Monmerqué, on ne possédait dans le même genre, outre les grandes et précieuses collections de toutes les sources anciennes de notre histoire, dans ses différentes voies, commencées par les Bénédictins, ou par des Commissions officielles de l'État, et continuées avec tant de savoir par l'Académie des Inscriptions et Belles-Lettres, on ne possédait, dis-je, que le recueil imparfait et demeuré incomplet, que Roucher, l'auteur du poëme des Mois, avec la collaboration d'autres littérateurs moins connus, avait publié de 1785 à 1791, sous le titre de : *Collection universelle de Mémoires particuliers relatifs à l'Histoire de France* [1].

Le vide, que la Collection de MM. Petitot et de Monmerqué laissait dans la série des Mémoires originaux de notre histoire nationale, fut bientôt rempli par l'importante Collection que M. Guizot publia des *Mémoires relatifs à l'Histoire de France, depuis la fondation de la monarchie jusqu'au treizième siècle* [2], et dont on reconnaît encore aujourd'hui l'intérêt et l'utilité.

M. Buchon [3], en 1824, continua pour les temps postérieurs, du treizième au quinzième siècle, la Collection de M. Guizot. Celle-ci donne la traduction des chroniques latines, celle de M. Buchon présente les chroniques rédigées en ancienne langue française. Plus tard, en 1836, MM. Michaud et Poujoulat firent paraître leur Collection, qui devait embrasser tous les Mémoires, depuis le treizième jusqu'à la fin du dix-huitième siècle [4].

---

1. Il n'a paru que 72 volumes de cette collection qui fut, en partie, détruite en 1793 et 1794. Elle comprenait une partie des Mémoires qui composent celle de MM. Petitot et de Monmerqué ; mais avec beaucoup moins d'exactitude et sans les notices qui donnent à celle-ci tant de prix.

2. Paris, Brière, 1823-1827, 29 vol. in-8 ; plus 2 volumes contenant l'introduction et les tables publiées plus tard.

3. *Collection des Chroniques nationales françaises, écrites en langue vulgaire du treizième au seizième siècle.* Paris, Verdière, 1824-1829, 47 volumes in-8. Ces documents ont été reproduits dans le *Panthéon littéraire,* 1835 et ann. suiv., sous ce titre : *Choix de Chroniques et Mémoires sur l'Histoire de France.*

4. *Nouvelle collection de Mémoires pour servir à l'Histoire de France, depuis le treizième siècle jusqu'à la fin du dix-septième.* Paris, 1836 et ann. suiv., 32 vol. gr. in-8 à 2 col.

En 1834, M. Guizot, alors ministre de l'instruction publique, qui avait tant éclairé par ses savants écrits l'histoire de la civilisation, donna une puissante impulsion à la recherche et à la publication des documents inédits relatifs à l'Histoire de France, en instituant sous les auspices de l'État un Comité officiel qui a subi diverses modifications et qui a dirigé et mis au jour plus de cent volumes in-4.

La Société de l'Histoire de France vint, à son tour (1833), embrasser les documents de tous les siècles de notre histoire, soit en reproduisant des textes déjà connus et en les rendant plus vrais et plus authentiques par l'emploi des meilleurs manuscrits, soit en choisissant parmi de nombreux Mémoires et d'autres documents inédits ceux qui paraissaient le plus propres à combler des vides dans la série des événements, ou à intéresser par la nouveauté et le mérite de leur rédaction.

Au milieu de tant de louables efforts, tendant tous vers un but également utile, le recueil auquel M. de Monmerqué a donné sa collaboration, conserve un rang distingué et présente un incontestable mérite.

Une autre branche de la littérature que M. de Monmerqué a aussi vivement éclairée, est la littérature dramatique à sa naissance, et l'histoire du Théâtre français à ses débuts. C'est pour la Société des Bibliophiles français dont il avait été l'un des premiers membres, peu après sa fondation, en 1820, que M. de Monmerqué publia ces charmants et naïfs petits poëmes, dialogués au treizième siècle par le trouvère artésien Adam de La Halle, et si connus, grâce à lui, sous les noms de *Li Gieus de Robin et de Marion* et de *Li Jus Adam ou de La Feuillie*. Imprimées d'abord en 1822 et en 1828, à un très-petit nombre (égal à celui des vingt-quatre membres), comme les premières publications de la Société des Bibliophiles, ces pièces ont été reproduites plus tard, au milieu de plusieurs autres, dans l'*Histoire du Théâtre français au moyen âge*, que M. de Monmerqué fit paraître en 1839, en commun avec M. Francisque Michel. Celui-ci eut la plus forte part dans cette publication, à laquelle l'avaient aussi préparé des travaux variés et estimés sur la littérature du moyen âge ; mais les pièces les plus remarquables et les plus gracieuses sont certainement les petites pastorales que M. de Monmerqué avait fait connaître le premier. Elles appartiennent à cette portion de la littérature dramatique qui était étrangère à l'Église, et formait un genre à part, aussi différent des Miracles, Mystères ou Drames ecclésiastiques, que des Jeux, Farces et Sotties des clercs de la Bazoche et autres confréries séculières. Dans leur genre, elles sont dignes d'être comparées à la spirituelle comédie de *Maître Pathelin*, écrite vers le même temps, ou un peu plus tard.

La publication du *Jeu de S. Nicolas* (*Li Jus de S. Nicholai*), l'un des plus anciens drames ecclésiastiques, composé par le trouvère Jean

Bodel[1], compatriote et contemporain d'Adam de La Halle, est due aussi à M. de Monmerqué, aidé de la collaboration de M. l'abbé de La Bouderie. Il attachait avec raison du prix à ce travail, plein de recherches fort instructives. Mais c'est surtout à un savant collègue de M. de Monmerqué à l'Académie des Inscriptions, M. Ch. Magnin, que l'histoire des lettres françaises est redevable des recherches les plus neuves et les plus approfondies sur les origines de notre théâtre, depuis ses sources les plus anciennes jusque dans ses voies les plus diverses. Quoiqu'en ayant étudié plusieurs parties, M. de Monmerqué ne les a point exposées dans tout leur ensemble.

Cette branche de la littérature française au moyen âge n'était pas, toutefois, la seule qu'il se plût à cultiver et à éclairer. Il a aussi mis au jour, avec d'intéressantes annotations, plusieurs *Lais* du douzième et du treizième siècle. Aussi, est-ce à lui qu'en 1832 M. P. Paris, dont l'autorité est si grande dans l'étude des anciens monuments et des vicissitudes de la langue romane, adressa, en forme de *Lettre sur les romans des douze pairs*, les savantes remarques par lesquelles il a éclairci cette question des plus curieuses, des plus difficiles et alors des plus controversées de la littérature des trouvères[2].

Quoique les études de M. de Monmerqué aient eu plus particulièrement pour objet l'histoire littéraire, et se rapportassent surtout à des biographies de personnages plus célèbres par leurs écrits et par leur vie privée, propre à exciter la curiosité de l'esprit, que pour les événements de l'histoire générale auxquels leurs noms se trouvent mêlés, il a cependant aussi porté son attention sur plusieurs questions historiques, d'un intérêt plus élevé ; il les a éclairées, suivant son habitude, par une connaissance parfaite des sources. Mais ce fut toujours à l'occasion de documents originaux qu'il avait pour but de mettre en lumière. Telle est sa Dissertation historique sur le petit roi Jean Ier, lue en 1844 à l'Académie des Inscriptions, et publiée deux fois la même année.

On sait les doutes énoncés par quelques historiens, même par un chroniqueur contemporain, le premier des continuateurs de Guillaume de Nangis, doutes qui n'ont jamais été éclaircis, sur la nature de la mort prématurée du fils posthume de Louis le Hutin et de la reine Clémence de Hongrie, sa veuve. La présomption de mort violente de cet enfant-roi, qui vécut seulement quelques jours (novembre 1316), prit surtout sa source dans l'intérêt qu'y aurait eu le comte de Poitiers, l'aîné de

---

1. *Mélanges de la Société des Bibliophiles français*, t. VII, 1834, et *Théâtre français au moyen âge*, 1839, p. 157. — *Notice sur Jehan Bodel d'Arras*. Séance publique de l'Académie des Inscriptions. Mai, 1838.

2. Introduction du *Roman de Berte aus grans piés*. Paris, Techener, 1832, in-12.

ses oncles, auquel, en vertu de la loi salique, cet événement donnait la couronne de France et qui régna sous le nom de Philippe le Long. Quelques soupçons s'élevèrent même sur la possibilité qu'un autre enfant lui eût été substitué. Ces soupçons, sans fondements solides, prirent assez de consistance pour que, un demi-siècle plus tard, un audacieux aventurier, probablement originaire de Sienne, Giannino ou Joannino della Guglia, ou Guicci, parcourût la Provence et le Piémont à la tête de quelqu'une des *Grandes Compagnies* qui causèrent tant de maux au quatorzième siècle, prétendant être Jean Ier, et se faisant proclamer roi de France par ses troupes. Une lettre du pape Innocent VI au roi Louis et à la reine Jeanne de Sicile, un historien siennois, G. Gigli, dans son *Diario sanese*, et plusieurs historiens français, J. J. Chifflet, le P. Daniel, dom Vaissette, avaient déjà constaté les folles prétentions de ce chef de *Condottieri*.

Une charte latine, originale, du quatorzième siècle, émanée d'un autre aventurier bien autrement célèbre, le tribun du peuple romain Nicolas de Rienzi, présentait les détails les plus circonstanciés sur la vie de Giannino, véritable roman historique, sur la substitution qui aurait eu lieu d'un autre enfant au petit roi Jean, et la croyance la plus entière que celui-ci fût le véritable fils de la reine Clémence et de Louis le Hutin, et par conséquent, l'héritier légitime de la couronne de France.

En publiant, le premier, ce très-curieux document, découvert en 1843, et dont la date et l'authenticité ne pouvaient inspirer aucun doute, M. de Monmerqué a complétement démontré que la croyance, feinte ou réelle, de Rienzi et la tradition prétendue, conservée dans cette charte, et textuellement conforme au récit d'un moine de l'ordre de Saint-Augustin, ne prouvaient en aucune façon la réalité des faits racontés. La date même du document, remontant à l'année 1354, et antérieure seulement de quelques jours au terme de la fabuleuse fortune de Rienzi, semble démontrer que celui-ci, ayant fait fabriquer ce récit dans le couvent où il s'était retiré après sa première chute, se proposait d'en tirer parti pour attribuer une grande valeur politique à Joannino Guicci qu'il s'était associé, et jeter des germes de division entre le pape résidant à Avignon et le roi Jean II alors régnant en France.

Une publication beaucoup plus connue, à laquelle M. de Monmerqué a, plus tard, attaché son nom, et qui a obtenu un succès presque aussi populaire que la Correspondance de Mme de Sévigné, est celle des *Historiettes de Tallemant des Réaux*[1].

---

1. Il a été publié trois éditions de *Tallemant des Réaux* : 1833-1834, en 6 vol. in-8, par MM. de Monmerqué, de Châteaugiron et J. Taschereau ; — 1848, en 10 vol. in-12, par M. de Monmerqué seul ; — 1854-1860, en 7 vol. in-8, par MM. de Monmerqué et P. Paris. (Voir plus loin la liste des ouvrages de M. de Monmerqué.)

On s'est peut-être étonné que la gravité du magistrat et du père de famille n'ait pas été un peu offusquée par l'extrême légèreté et même la licence de certains récits, de certains tableaux. On oubliait que le sérieux éditeur de ces Mémoires, dont la découverte fortuite et surtout la première publication en 1833 firent tant de bruit dans le monde littéraire, n'y voyait absolument qu'une peinture, plus complète, plus approfondie, des mœurs d'une époque, et surtout un moyen de mieux étudier derrière la toile beaucoup de personnages célèbres du dix-septième siècle, qu'on n'observait d'ordinaire qu'en apparat et posant sur le théâtre. Il y retrouvait aussi la plupart des nombreux contemporains et des héros des lettres de sa chère Sévigné. Tallemant, d'ailleurs, dont l'esprit caustique, médisant et spirituellement sardonique, a déchiré ou compromis tant de réputations, n'a-t-il pas dit en parlant d'elle, qu'elle était « des plus aimables et des plus honnêtes personnes de Paris[1] ? »

Il n'en fallait pas tant pour inspirer à M. de Monmerqué le courage de cette publication qui a jeté un si grand jour sur l'histoire anecdotique du dix-septième siècle et qui ne peut être comparée, pour la foule de renseignements piquants qu'elle fournit sur la société française du règne de Louis XIV, qu'aux lettres de Mme de Sévigné elle-même, et aux Mémoires de Saint-Simon. Tallemant a saisi le côté satirique de la société au milieu de laquelle il vivait, et cette société était la plus brillante, la plus éclairée : c'était celle de l'hôtel de Rambouillet. Lié d'une intimité particulière avec la célèbre reine de cette brillante cour d'esprit, Catherine de Vivonne, lié avec Patru, Vaugelas, Conrart, Ménage, Voiture, Perrot d'Ablancourt et d'autres littérateurs des plus renommés du temps, il est pour cette époque aussi piquant et probablement plus sincère que Brantôme pour le seizième siècle. Le ton presque constamment badin et mordant de ses récits ne doit cependant pas faire penser qu'il n'envisageait pas aussi les événements et les hommes à un point de vue plus sérieux ; mais il réservait cette portion de ses études historiques pour des mémoires sur la Régence d'Anne d'Autriche, auxquels il renvoie souvent, et dont le manuscrit n'a pas été retrouvé. M. de Monmerqué a donc bien mérité des amis de l'histoire de la société française, en contribuant, par un long travail d'annotations, à une publication qui a révélé tant d'anecdotes ignorées et tant d'aspects nouveaux du caractère et de la vie de personnages déjà célèbres pour la plupart, et surtout d'hommes de lettres, portraits dont la vérité est difficilement contestable, quoique exagérée peut-être quelquefois jusqu'à l'injustice.

1. 3ᵉ édit., t. V, p. 473.

Telle a été aussi sur les Mémoires de Tallemant l'opinion d'un savant et spirituel académicien, M. P. Paris, qui n'a pas craint de consacrer plusieurs années d'études attentives à donner de cet ouvrage une nouvelle édition qui restera infailliblement la plus complète. En effet, aux nombreux matériaux et commentaires recueillis et déjà publiés, mais seulement en partie, par M. de Monmerqué lui-même, il a ajouté le fruit de ses propres recherches, et a distribué le texte dans un ordre plus conforme à la rédaction primitive du manuscrit autographe [1].

M. de Monmerqué fut l'un des premiers à se réunir au comité des fondateurs de la Société de l'Histoire de France, vers la fin de 1833; depuis lors il n'a presque jamais manqué aux réunions de son Conseil administratif. C'était pour lui plus qu'un plaisir, c'était un devoir. Combien de fois n'a-t-on pas eu recours à ses souvenirs toujours si présents sur le dix-septième siècle, période de l'histoire de France qu'il connaissait peut-être mieux qu'aucun autre littérateur.

M. de Monmerqué a publié, de 1841 à 1844, dans la collection de la Société de l'Histoire de France, deux mémoires inédits sur le dix-septième siècle dont les manuscrits faisaient partie de sa précieuse bibliothèque, les *Mémoires du comte de Coligny-Saligny* et les *Mémoires du marquis de Villette*. Dernier représentant de l'illustre famille qui joua un si grand rôle dans les guerres civiles du dix-septième siècle, le comte de Coligny s'était d'abord attaché à la fortune du grand Condé et l'avait suivi dans sa rébellion passagère. L'ingratitude, l'ambition immodérée et les dédains du prince envers plusieurs de ses anciens compagnons d'armes, après sa soumission au roi, lui attirèrent leur haine. Coligny fut du nombre et ne l'épargna pas dans les mémoires dont il composa deux rédactions, en 1673 d'abord, puis de 1678 à 1682, peu d'années avant sa mort. Il fut son juge le plus sévère, après avoir été son confident et son ami. Quoique passionné, Coligny était honnête homme, et son langage a le caractère de la conviction. Quoique s'occupant plus

---

1. G. Tallemant, né à la Rochelle vers 1619, paraît avoir composé le corps principal de ses Mémoires de 1657 à 1660, et plus tard les annotations écrites sur les marges. Il mourut entre 1691 et 1701.

Le manuscrit entièrement autographe des Mémoires ou *Historiettes* de Tallemant, comme il les avait intitulés lui-même, ne comprenant pas moins de 800 pages, avait longtemps appartenu à la famille Trudaine. Il fut acheté à la vente de cette bibliothèque (en 1803) par M. de Châteaugiron. Celui-ci en fit faire une copie qu'il communiqua à quelques amis. Plus tard, M. de Monmerqué acheta plusieurs portefeuilles de pièces autographes de Tallemant provenant de la même source, et à la vente de M. Boulard un recueil d'anecdotes écrit aussi de la main de Tallemant. Le grand manuscrit original appartient aujourd'hui à M. le comte Lanjuinais.

de lui que des événements publics, il n'en a pas moins éclairé avec esprit et naturel, d'un reflet particulier, une époque sur laquelle on avait déjà tant de documents. Suivant sa coutume, M. de Monmerqué a donné un nouveau prix à cette publication par une notice biographique très-complète et par l'adjonction de pièces accessoires intéressantes, telles que des lettres de Coligny et de son fils.

Ce sont les mêmes qualités qu'on reconnaît dans les *Mémoires du marquis de Villette*, publiés en même temps. On y trouve le récit des principales expéditions de la marine française auxquelles cet officier distingué, cousin de Mme de Maintenon, prit part depuis 1672 jusqu'en 1704. Des mémoires, lettres, relations du comte d'Estrées depuis maréchal de France, ainsi que du célèbre amiral Duquesne, adressés au ministre de la marine, augmentent le mérite de cette publication.

Dès l'origine de la Société de l'Histoire de France, M. de Monmerqué s'était chargé de publier pour elle un *Journal inédit de la Ligue*, rédigé en 1593, conservé dans les Archives de l'Empire. Plusieurs fois ce projet a été mentionné dans les premiers rapports sur les travaux de la Société ; mais M. de Monmerqué fut devancé par un éditeur plus actif, M. Taschereau, et ce journal parut en 1837 dans la *Revue rétrospective*.

Une quatrième publication dont M. de Monmerqué avait bien voulu se charger pour la même Société est celle des *Mémoires du marquis de Beauvais-Nangis*. Accueillie favorablement dès 1846, elle fut, dans plusieurs de nos assemblées générales, le sujet de communications qui en firent apprécier l'intérêt. L'auteur, qui avait joué un certain rôle à la cour de Henri IV et de Louis XIII, remonte plus loin dans ses souvenirs, raconte à ses enfants, d'un style simple, naturel, qui ne manque pas de pittoresque et d'énergie, les événements auxquels son père avait pris part et ceux dont il fut témoin. Le manuscrit autographe, entièrement inédit, de ces mémoires était la propriété de M. de Monmerqué. L'impression en a été commencée et il y a lieu d'espérer que, suivant le désir exprimé au nom de la Société, sa famille en facilitera l'achèvement.

M. de Monmerqué avait aussi entretenu plusieurs fois depuis 1846 le Conseil de la Société de l'Histoire de France d'un autre projet de publication plus considérable, celui des *Mémoires de Lamotte-Goulas*, gentilhomme de la chambre de Gaston, duc d'Orléans, frère de Louis XIII. Le manuscrit autographe, conservé à la Bibliothèque impériale, ne fournirait pas moins de trois volumes. Rédigés en 1660, peu après la mort de Gaston, ces mémoires, adressés par l'auteur à son neveu, paraissent écrits avec une grande bonne foi, souvent avec profondeur et dans un esprit différent des mémoires de Montrésor, de Fontrailles et d'autres partisans ou familiers de cette petite cour. Des fragments de ces mémoires entièrement inédits ont été lus aussi dans plusieurs des réunions générales de la Société en 1848 et 1849, et c'est M. de Monmerqué, le premier, qui en a fait connaître l'existence et l'intérêt.

Plusieurs des publications de la Société de l'Histoire de France ont eu, toujours utilement, M. de Monmerqué pour commissaire responsable :

En 1836, les *Lettres du cardinal Mazarin à la reine*, éditées, pour la première fois, par M. Ravenel ;

En 1838, la *Chronique de Villehardouin*, par M. P. Paris ;

En 1853, le *Journal inédit d'un bourgeois de Paris sous le règne de François Ier*, par M. L. Lalanne.

Si, comme on le voit, les travaux de M. de Monmerqué ont été principalement dirigés vers la publication de documents originaux, rares et curieux pour la plupart et scrupuleusement reproduits, plutôt que vers la composition d'ouvrages d'érudition ou d'histoire, les notices biographiques et les annotations généalogiques ou littéraires, exactes, variées et souvent puisées à des sources peu connues, mais qui lui étaient très-familières, dont ses travaux sont toujours accompagnés, leur donnent un mérite incontestable. On retrouve généralement dans le style de ces notices le cachet des écrivains du dix-septième siècle avec lesquels l'auteur avait, pour ainsi dire, vécu.

M. de Monmerqué était fort assidu aux séances de l'Académie des Inscriptions dont il était membre libre depuis 1833, où il avait remplacé M. Cousinery et où il a eu pour successeur M. le comte F. de Lasteyrie. Il ne l'était pas moins à celles du Comité historique du ministère de l'instruction publique où il fut appelé, dès les premières années, par M. Guizot. Ses lumières y étaient toujours invoquées avec confiance pour toutes les questions qui se rattachaient à l'histoire politique et littéraire du dix-septième siècle et à la littérature du moyen âge.

Outre plusieurs rapports et communications qu'il fit au Comité historique, M. de Monmerqué fut commissaire de la vaste et importante publication de la *Correspondance de Henri IV*, reproduite avec tant de soin et de savoir par M. B. de Xivrey, pour la Collection des documents relatifs à l'histoire de France, et qui touche bientôt à son terme.

Son goût pour les séances de l'Académie, du Comité historique et de la Société de l'Histoire de France était tel que la maladie même n'avait pu l'y faire renoncer : Mme de Monmerqué l'accompagnait souvent et veillait à la sûreté de ces courses parfois imprudentes. C'est, en effet, en entrant à une séance de l'Institut, qu'il fut frappé d'un de ses évanouissements fréquents, funeste et alarmant présage.

L'étude de l'histoire qu'il trouvait le temps d'allier avec l'accomplissement de ses devoirs de magistrat, a toujours été pour M. de Monmerqué un besoin et un charme ; elle lui fut une consolation dans les cruelles pertes de famille que la Providence ne lui a point épargnées, tout en lui conservant une fille , Mme Mariani, qu'il affectionnait et qui a partagé avec Mme de Monmerqué les pieux et derniers soins rendus à son père.

Les goûts et le savoir de M. de Monmerqué lui ont facilité la formation d'une bibliothèque historique et littéraire des plus riches en manuscrits et en éditions remarquables par leur rareté et leur importance historique ou philologique. Quoique déjà diminuée par une vente faite en 1851, qui ne produisit pas moins de 40 000 fr., elle est encore des plus précieuses et des plus importantes.

Le caractère de M. de Monmerqué était un mélange de bienveillance douce et affectueuse, d'une finesse d'esprit qui ne manquait pas d'une certaine teinte piquante, unie à une sorte de candeur naïve. Cette alliance de qualités rendait sa société fort agréable, et tous ceux qui l'ont connu aimeront et conserveront sa mémoire ; son nom vivra parmi ceux des fondateurs de la Société de l'Histoire de France, avec ceux de M. Lenormant et de M. Le Prévost qui l'ont aussi aidée de leur savoir et de leur dévouement et qu'elle a perdus la même année.

M. de Monmerqué est mort le 1er mars 1860, en chrétien sincère. A ses funérailles, qui ont eu lieu le 3 du même mois, deux discours ont été prononcés, par M. Berger de Xivrey, comme président de l'Académie des Inscriptions, et par M. de Vergès, président à la Cour impériale de Paris. Dans le premier de ces discours, le seul qui ait été imprimé, M. de Xivrey a dignement apprécié, quoique en peu de mots, comme il convenait en pareille circonstance, les différents mérites de M. de Monmerqué, et il a rappelé le concours utile que celui-ci aimait à prêter à tous ceux qui le consultaient. C'est un dernier hommage auquel la Société de l'Histoire de France s'associe bien sincèrement.

LISTE DES OUVRAGES ET OPUSCULES

PUBLIÉS

PAR M. DE MONMERQUÉ.

1. — 1818-1819. —*Lettres de Mme de Sévigné, de sa famille et de ses amis.* Paris, Blaise, impr. de Didot, 10 vol. in-8.

2. — 1818-1819. — *Lettres de Mme de Sévigné, de sa famille et de ses amis.* Paris, Blaise, impr. de Didot, 12 vol. in-12 et un treizième volume supplémentaire.

3. — 1818. — *Collection de 20 portraits du siècle de Louis XIV, que l'on peut joindre aux lettres de Mme de Sévigné.* 1 vol. in-8. (Chaque portrait est accompagné d'une notice biographique.)

4. — 1820. — *Mémoires de M. de Coulanges, contenant les conclaves d'Alexandre VIII et d'Innocent XII, suivis de Lettres inédites de Mme de Sévigné, de son fils, de l'abbé de Coulanges, d'Arnauld d'Andilly, d'Arnauld de Pomponne, de Jean de La Fontaine et autres personnes célèbres du siècle de Louis XIV.* Paris, Blaise, in-8 et in-12, avec portraits et fac-simile.

5. — 1820. — *Opuscules inédits de Jean de La Fontaine.* Paris, Blaise, 1820, in-8, 59 p. — Épître en vers, à M. le duc de Bouillon, très-longue et intéressante. — Description du château de Richelieu, dans une lettre de La Fontaine à sa femme. —Trois autres lettres à M. Jannart.

6. — 1820. — *Lettres de Mme de Sévigné, de sa famille et de ses amis, avec les notices et les notes,* par MM. de Monmerqué et de Saint-Surin. 3e *édition, augmentée de beaucoup de lettres inédites, des Mémoires de M. de Coulanges,* etc. 11 vol. in-8, avec portraits, vues, et fac-simile. Paris, H. Verdière, impr. de P. Didot.

Publiée aussi, en même temps, en 13 vol. in-12.

(M. de Monmerqué regardait comme fautive cette réimpression qu'il disait n'avoir pu revoir.)

7. — 1822. — *Notice sur Pierre de Bourdeille, abbé et seigneur de Brantôme et sur ses ouvrages.* Paris, Foucault, 1822, in-8 de 100 p. (Placée en tête de l'édit. donnée en 1822, par M. Foucault, des OEuvres complètes du seigneur de Brantôme.)

Les notes sur les pièces préliminaires et celles de la partie inédite du
4e vol. sont aussi de M. de Monmerqué.

La notice historique a été tirée à part, avec la date de 1823.

8. — 1822. — *Li Gieus de Robin et de Marion, ou li Jeus du bergier
et de la bergière, par Adam de La Hale, précédé du Jeu du pèlerin, avec
un Glossaire* (et avec la musique du temps, treizième siècle). (Mélanges
de la Société des Bibliophiles français. T. II, in-8. Paris, F. Didot.) Tiré
à 30 exempl. Réimpr. en 1839 dans le *Théâtre français au moyen âge*.
Voir *Journal des Savants*, 1846-1847, plusieurs art. de M. Magnin.

9. — 1822. — *Lettres de Louis XIV, de Mgr le Dauphin et d'autres
princes et princesses de la Maison de France, adressées à Mme la marquise
de Maintenon, 1696 à 1710.* (Mélanges de la Société des Bibliophiles
français. T. II, in-8.)

10. — 1826. — *Lettre écrite par Mme de Sévigné à Mme de Grignan,
le 21 juin 1671 ; rétablie pour la première fois d'après le manuscrit autographe.* Paris, Blaise, in-8.

11. — 1819-1828. — *Collection complète des Mémoires relatifs à
l'Histoire de France, depuis le règne de Philippe Auguste jusqu'au commencement du dix-septième siècle*, par M. Petitot. Paris, J. L. F. Foucault. 2 séries de 53 et de 79 volumes.

Ce n'est que depuis 1825 que le nom de M. de Monmerqué fut
ajouté à celui de M. Petitot ; et c'est en effet à partir de cette époque
que sa collaboration a été plus active, ainsi qu'on le voit, par les titres
des Mémoires auxquels il a ajouté des notices ; mais il était déjà associé
aux recherches de M. Petitot, plusieurs années auparavant.

12. — 1825. — *Relation faite par Jacques Gillot*, avec notice.
(Collection des Mémoires relatifs à l'Histoire de France. Ire série.
T. XLIX.)

13. — 1825. — *Mémoires de Cl. Groulard*, avec notice.
(Collection des Mémoires relatifs à l'Histoire de France. Ire série.
T. XLIX).

14. — 1825. — *Mémoires de Michel de Marillac*, avec notice.
(Collection des Mémoires relatifs à l'Histoire de France. Ire série.
T. XLIX.)

15. — 1826. — *Mémoires de messire Duval, marquis de Fontenay-
Mareuil, maréchal des camps et armées du Roy, ambassadeur en Angleterre,
en 1626, et deux fois à Rome, 1641 et 1647.*

Publiés pour la première fois d'après les mss. de la bibl. du Roi, avec une notice par M. de Monmerqué.

(Collection des Mémoires relatifs à l'Histoire de France. Ire série. T. L et LI.)

16. — 1825. — *Mémoires de Valentin Conrart*, avec notice.

(Collection des Mémoires relatifs à l'Histoire de France. IIe série. T. XLVIII.)

17. — 1825. — *Mémoires du P. Berthod*, avec notice.

(Collection des Mémoires relatifs à l'Histoire de France. IIe série. T. XLVIII.)

18. — 1825-1826. — *Mémoires du marquis de Montglat* , avec notice.

(Collection des Mémoires relatifs à l'Histoire de France, IIe série. T. XLIX, L et LI.)

19. — 1826. — *Mémoires de Claude de Bourdeille, comte de Montrésor*, avec notice.

(Collection des Mémoires relatifs à l'Histoire de France. IIe série. T. LIV.)

20. — 1826. — *Relation faite par M. de Fontrailles*.

(Collection des Mémoires relatifs à l'Histoire de France. IIe série. T. LIV.)

21. — 1827. — *Observations sur les Mémoires de La Trémouille, et sur ceux de Duclerq, insérés aux t. XIV et XV de la Ire série des Mémoires relatifs à l'Histoire de France*. Paris, 1827, in-8, 8 p.

22. — 1828. — *Mémoires pour servir à l'Histoire de Louis XIV*, par l'abbé de Choisy, avec notice.

(Collection des Mémoires relatifs à l'Histoire de France. IIe série. T. LXIII.)

23. — 1828. — *Mémoires et Réflexions sur les principaux événements du règne de Louis XIV*, par le marquis de La Fare, avec notice.

(Collection des Mémoires relatifs à l'Histoire de France. IIe série T. LXV.)

24. — 1828. — *Souvenirs de Mme de Caylus*, avec notice.

(Collection des Mémoires relatifs à l'Histoire de France. IIe série. T. LXVI.)

25. — 1827. — *Notice biographique et littéraire sur M. Petitot*. Paris, in-8, 20 p.

(Extrait du T. LVII de la IIe série de la Collection des Mémoires relatifs à l'Histoire de France.)

26. — 1827. — *Lettres inédites de Mme de Sévigné, de sa famille et de ses amis,* avec portraits, vues et fac-simile. Paris, Blaise, in-8 de 78 pages. — 1833. — *Lettre de Mme de Grignan au comte de Grignan, son mari.* In-8, 3/4 de f.

27. — 1828.— *Les carrosses à cinq sous, omnibus du dix-septième siècle; avec des observations de l'éditeur.* Paris, in-8. (Soc. des Biblioph. français.)

28. — 1828. — *Conversations morales, inédites, de Mme de Maintenon.* Paris, Blaise, 2 vol. in-18. (Bibliothèque des familles chrétiennes.)

29. — 1829. — *Notice sur Mme de Maintenon,* 2ᵉ édit. Paris, Blaise, in-8, 92 p., publiée d'abord, en 1820, dans la *Biographie universelle.*

30. — 1828-1829. — *Li Jus Adan, ou de la Feuillie, par Adam de La Hale,* avec un glossaire *(treizième siècle),* et une notice sur Adam de La Halle, ou de Le Hale, dit aussi Adam le Bossu, ou le Bossu d'Arras.

(Mélanges de la Société des Bibliophiles français, t. VI, 1829, in-8, tiré à 30 exemp., réimpr. en 1839, avec d'autres pièces du même auteur, dans le *Théâtre français au moyen âge.*)

31. — 1829. — *Farce joyeuse et recréative à trois personnages,* à sçavoir : *Tout, Chascun et Rien.* — *Notice sur quelques ouvrages singuliers, composés sur des sujets analogues à la Farce précédente.* (T. VI des Mélanges de la Société des Bibliophiles français. Paris, 1829, in-8.)

M. de Monmerqué a aussi coopéré à la publication de plusieurs autres pièces de cette collection, telles que des *Lettres inédites de Gresset,* etc.

32. — 1829. — *Lettres choisies de Mme de Sévigné et de ses amis.* 2 vol. in-18. Paris, Blaise. (Bibliothèque des familles chrétiennes.)

33. — 1829. — *Proverbes inédits de Mme la marquise de Maintenon.* 1 vol. in-18. (Même collection.)

34. — 1832.— *Le lai d'Ignaurès, en vers du douzième siècle, par Renaut, suivi des lais de Melion et du Trot, en vers du treizième siècle, publiés pour la première fois, d'après deux mss.,* par MM. L. G. N. Monmerqué et Fr. Michel. Paris, 1832. 1 vol. in-8.

(Voir *Journal des Savants,* 1833, p. 5, art. de Raynouard.)

35. — 1833. — *De l'oustillement au villain.* Paris, Silvestre. In-8.

36. — 1834. — *Li Jeu S. Nicolai* (Le Jeu de S. Nicholas), pièce du treizième siècle, par Jehan Bodel, publié d'après un ms. de la Bibl. impériale, suivi de deux Mystères ou Miracles latins représentés aux douzième et treizième siècles, dans les églises et probablement à Saint-Benoist-sur-Loire, et publiés sous ce titre, d'après le ms. de la ville

d'Orléans : *Mysteria et miracula ad scenam ordinata, in cœnobiis olim a monachis repræsentata ;* avec une vie de S. Nicolas en prose, du commencement du quatorzième siècle, la vie du même saint, écrite au douzième siècle, par R. Wace; une notice sur Jehan Bodel et un glossaire. (*Mélanges de littér. et d'histoire* publiés par la Société des Bibliophiles français. N. série, t. VII de la collection.) 1 vol. in-8 de 400 p. environ, tiré à 30 exemplaires.

M. de Monmerqué fut aidé dans ce travail par M. l'abbé de La Bouderie. Réimp. en 1839, dans le *Théâtre français au moyen âge*, p. 157 à 207, avec une traduction par M. Francisque Michel.

37. — 1834. — *Comment Chartres entra dans le parti de la Ligue.*
Fragment extrait d'un manuscrit du seizième siècle, recueilli par P. Pithou et conservé dans les Archives judiciaires.
(*Bulletin de la Société de l'Histoire de France.* T. I, 2ᵉ partie, p. 47, in-8.)

38. — 1833-1834. — *Les Historiettes de Tallemant des Réaux. Mém. pour servir à l'histoire du dix-septième siècle, publiés sur le manuscrit inédit et autographe, avec des éclaircissements et des notes* par MM. de Monmerqué, de Châteaugiron et Taschereau. Paris, Levavasseur, 6 vol. in-8.

39. — 1835. — *Tallemant des Réaux, sa vie et ses Mémoires.* (Extr. de la Revue des Deux-Mondes, 1835.) In-8.

40. — 1836. — *Notice sur Tallemant des Réaux, sur sa famille et sur ses Mémoires, et Table analytique des matières renfermées dans ses Historiettes.* Paris, Levavasseur, 1836, in-8 de LXXII p. (Extr. des Mémoires de Tallemant des Réaux.)

41. — 1835-1836. — *Lettres de Mlle de Scudéry à M. Godeau, évêque de Vence, publiées pour la première fois, avec des éclaircissements et des notes* (et une notice sur Mlle de Scudéry). Paris, Levavasseur, in-8, 59 p. (Extrait du T. VI des Mém. de Tallemant des Réaux, 1ʳᵉ éd. in-8.)

42. — 1835. — *Contenances de table et autres poésies, inédites, des quinzième et seizième siècles,* jointes à l'ouvrage de Mme de Saint-Surin, intitulé : *L'hôtel de Cluny au moyen âge.* Paris, 1835, in-12.

43. — 1836. — *Projet de médiation de la Russie entre la France et l'Angleterre, à l'occasion de l'indépendance américaine.* 1780-1783. 20 lettres extraites de la correspondance du comte de Vergennes avec le marquis de Verac, ambassadeur de France en Russie. (Coll. de M. de Monmerqué.) *Bulletin de la Soc. de l'Hist. de France.* T. II. 2ᵉ partie, p. 276 à 343, in-8.

44. — 1838. — *Notice sur Jehan Bodel, d'Arras, accompagnée de re-*

cherches sur les premiers essais dramatiques en France. Séance publique des cinq académies de l'Institut, mai 1838. In-4 de 20 pages.

45.— 1839.—*Théâtre français au moyen-âge, publié d'après les mss. de la bibliot. du Roi*, etc. (onzième-quatorzième siècles). Par MM. L. G. N. Monmerqué et Fr. Michel. Paris, Delloye; imp. de F. Didot. 1 vol. gr. in-8.

Voir sur cet ouvrage : *Journal des Savants*, 7 articles de M. Magnin, 1846, p. 5, 76, 445, 544, 629; — 1847, p. 36, 151.

46.— 1840.— *Les Historiettes de Tallemant des Réaux. Mémoires pour servir à l'Histoire du dix-septième siècle, publiés sur le manuscrit autographe de l'auteur.* — 2ᵉ édition, précédée d'une notice sur l'auteur, par M. de Monmerqué. Paris, Delloye, 1840, 10 vol. in-12. — Cette édition a été contrefaite en Belgique.

47. — 1841. — 1844. — *Mémoires du comte de Coligny-Saligny, et Mémoires du marquis de Villette, publiés pour la Société de l'Histoire de France.* Paris, Renouard, in-8 (XLII et 152 p., LXVIII et 362 p.). — Les premiers Mém. furent imprimés en 1841. — Jean de Coligny, lieut. général, mort en 1688. — Villette, marin distingué, 1672-1704.

48. — 1844. — *Dissertation historique sur Jean Iᵉʳ, roi de France et de Navarre; suivie d'une charte de Nicolas de Rienzi.* Paris, Tabary, in-8, 96 p. et une charte en fac-simile.

49. — 1844. — *Doutes historiques sur le sort du petit roi Jean Iᵉʳ.* Séance publique de l'Académie des inscriptions et belles-lettres. Août, 1844, in-4 de 24 pages.

50. — 1845.— *Lettre du frère Antoine, de l'ordre des ermites de saint Augustin, à Nicolas de Rienzi, tribun du peuple romain; suivie de deux lettres de Rienzi, adressées à Giannino de Sienne.* Paris, Tabary, in-8, 16 p. (Supplément au précédent mémoire.)

51. — 1846. — *Dernière pensée de Mme de Sévigné pour sa fille, mise en lumière par M. Monmerqué.* Paris, Dondey-Dupré, in-8, 16 p. (Fragment de lettre du marquis de Sévigné à sa sœur (1696), montrant, comme la lettre suivante, le cœur le plus généreux.)

52. — 1847. — *Lettre inédite du marquis de Sévigné à la comtesse de Grignan, sa sœur, sur les affaires de leur maison.* Paris, Dondey-Dupré, in-8 de 24 pages.

53. — 1848. — *Billet italien de Mme de Sévigné à la marquise d'Uxelles, suivi d'une lettre de Mme de Grignan à la même.* Paris, in-8, 20 p.

Ce billet est aujourd'hui à la Bibliothèque impériale.

54. — 1854-1858. — *Les Historiettes de Tallemant des Réaux.* 3ᵉ édi-

tion entièrement revue sur le manuscrit original, et disposée dans un nouvel ordre, par MM. de Monmerqué et Paulin Paris. Paris, Techener, 1854 et années suivantes, 7 vol. in-8 qui doivent être suivis d'un ou deux volumes supplémentaires.

M. de Monmerqué ayant abandonné à son savant collaborateur le travail de ses précédentes éditions, celui-ci a introduit de notables changements dans la disposition du texte et de nombreuses additions aux notes, tout en conservant celles de M. de Monmerqué, déjà publiées ou inédites. Aussi le nom de M. de Monmerqué reste-t-il joint dans cette nouvelle édition à celui de M. P. Paris.

55. — 1858. — *Inauguration de la statue de Mme de Sévigné à Grignan, présidée par M. de Monmerqué. Rapport fait à l'Académie des inscriptions et belles-lettres*, le 20 novembre 1857. Paris, Ledoyen, mars 1858, in-8, 40 pages.

A ces nombreux travaux il convient d'ajouter les suivants.

56. — Plusieurs articles dans la *Biographie universelle*, surtout depuis 1820. Ces articles, dont quelques-uns sont fort développés, concernent, presque tous, des personnages du siècle de Louis XIV.

57. — *Mémoires de La Motte-Goulas* (dix-septième siècle). Fragments lus dans les assemblées générales de la Société de l'Histoire de France en 1848 et 1849.

58. — *Mémoires du marquis de Beauvais-Nangis*. L'impression qui en avait été commencée depuis plusieurs années, pour la Société de l'Histoire de France, fut interrompue par la longue maladie de M. de Monmerqué. Plusieurs feuilles avaient été tirées.

Des fragments de ces Mémoires ont été lus dans les assemblées générales de la Société en 1846 et 1847.

(Extrait du *Bulletin de la Société de l'Histoire de France*, 3ᵉ série, t. II, mai 1860.)

PARIS. — IMPRIMERIE DE CH. LAHURE ET Cie
Rues de Fleurus, 9, et de l'Ouest, 21